Carteros

Julie Murray

Abdo
TRABAJOS EN MI
COMUNIDAD
Kids

abdopublishing.com

Published by Abdo Kids, a division of ABDO, PO Box 398166, Minneapolis, Minnesota 55439.
Copyright © 2016 by Abdo Consulting Group, Inc. International copyrights reserved in all countries.
No part of this book may be reproduced in any form without written permission from the publisher.

Printed in the United States of America, North Mankato, Minnesota.

052015

092015

THIS BOOK CONTAINS
RECYCLED MATERIALS

Spanish Translator: Maria Puchol

Photo Credits: AP Images, Canada Post, iStock, Landov Media, Shutterstock,
© LesPalenik p.22, Zvonimir Atletic p.22 / Shutterstock.com

Production Contributors: Teddy Borth, Jennie Forsberg, Grace Hansen

Design Contributors: Candice Keimig, Dorothy Toth

Library of Congress Control Number: 2015941649

Cataloging-in-Publication Data

Murray, Julie.

[Mail carriers. Spanish]

 Carteros / Julie Murray.

   p. cm. -- (Trabajos en mi comunidad)

ISBN 978-1-68080-341-9

Includes index.

1. Letter carriers¬--Juvenile literature. 2. Spanish language materials—Juvenile literature.   I. Title.

383'.145--dc23

                    2015941649

Contenido

Carteros 4

Los materiales
del cartero 22

Glosario 23

Índice 24

Código Abdo Kids . . .24

Carteros

Los carteros tienen un trabajo importante.

Entregan el correo.

Jan recibe una carta.

Recogen el correo. Lo llevan
a la oficina de correos.

SANTA CLAUS
North Pole

9

Ordenan el correo.

Ponen el correo en el camión.

¡Y allá van!

Algunos carteros caminan.

Usan bolsas para llevar

el correo.

¡Llevar el correo es un trabajo duro! ¡Es pesado!

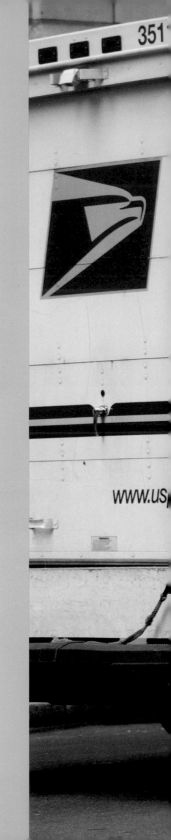

Los carteros llevan **uniforme**.

El uniforme es azul y gris.

El correo viene seis días a la semana. No hay correo los domingos.

¿Conoces a tu cartero?

Los materiales del cartero

la bolsa del correo

el camión de correo

los buzones

los sellos postales

Glosario

entregar
llevar algo a una persona o lugar.

uniforme
tipo de ropa que llevan los miembros de un mismo grupo u organización.

ordenar
separar cosas y ponerlas en un orden especial.

Índice

bolsa 12, 14

camión 10

carta 6

correo 6, 8, 10, 12, 14, 18

entregar 6, 18

oficina de correos 8

uniforme 16

abdokids.com

¡Usa este código para entrar en abdokids.com y tener acceso a juegos, arte, videos y mucho más!

Código Abdo Kids:
MMK9154

24